Einleitung

Wir begeben uns auf eine Reise zum Urlaubsort Carpe Diem. Endlich geht dein Traum bald in Erfüllung, denn du weißt, dass du nach Carpe Diem fliegst. Doch du hast bisher nur die Übernachtung gebucht. Sieht gut aus: 5 Sterne und All-inclusive, Balkon mit Meerblick und nur 2 Minuten Gehweg zum Strand. Jetzt sind die große Fragen: Wie kommst du dahin? Mit dem Flieger? Mit dem Schiff? Wen nimmst du mit nach Carpe Diem? Welches Gepäck nimmst du mit? Wie sind die Wetterbedingungen vor Ort? Welchen Impfschutz brauchst du noch? Wie sind die Einheimischen? Welche Sprache wird vor Ort gesprochen?

Mit der Beantwortung dieser Fragen werden wir uns auseinandersetzen. Ich bin zuversichtlich, dass du am Ende des Buches die Kunst verstehen wirst, Carpe Diem als dein Lebensmotto einzusetzen.

Denn das ist Carpe Diem, pflücke deinen Tag!

Dieses Buch soll in erste Linie eine Hauptaufgabe erfüllen: wenn du am Ende oder währenddessen dieses Buches einen Stift in die Hand nimmst und dein eigenes Zeitmanagement reflektierst, dann hat dieses Buch seine Pflicht erfüllt.

Es geht hierbei nicht um mich, nicht um andere, sondern um dich! Wenn du noch viel vor hast im Leben, dann musst du die Zeit ganz genau im Auge behalten. Viele kümmern sich zuerst um andere Dinge wie Geld und Ruhm. Doch die Ausgangsbasis für solche materiellen Themen ist immer Einsatz und Zeit. Um beispielsweise mehr zu verdienen, kannst du deinem Chef nach mehr Gehalt bitten oder dir die Zeit im wahrsten Sinne des Wortes freischaufeln. Beim Thema Finanzen sind wir oft sehr sensibel und achten auf jede kleine Ausgabe. Eventuell erstellen wir uns am Ende des Jahres eine Bilanz auf. Doch was ist mit der wertvollsten Ressource für das endliche Leben? Wieso führen wir nicht auch Zeitmanagement-Bilanzen, um unser Zeitmanagement zu verbessern?

Ich hatte schon des Öfteren mit Leuten über das Verhältnis von Zeit zu Geld gesprochen und viele waren so sehr auf die eine Seite der Waage fixiert und hatten die andere Seite völlig aus den Augen verloren. Als ich die Leute diesbezüglich ansprach, hatten Sie sehr positiv reagiert. Ich hatte den Leuten erzählt, dass Sie mindestens genauso viel Energie in das Thema Zeitmanagement investieren sollten, wie in das Thema Finanzen. Dies war meine Basis für dieses Buch.

Ich wünsche dir viel Spaß mit diesem Buch!

Prolog

Dieses Buch wurde geschrieben, um dein Zeitmanagement besser zu verstehen und wie ein imaginärer Staubsauger all deine Zeiträume zu reinigen. Im Fokus des Buches liegt nicht meine Wenigkeit, sondern meine Mission ist erfüllt, wenn du nach dem Buch einen Stift in die Hand nimmst und ganz genau unter die Lupe schaust, was für dich und dein Leben zeittechnisch relevant ist und was nicht. Ich sehe Zeitmanagement als ein kontinuierliches Verbesserungsprogramm, welches mindestens einmal im Jahr kontrolliert werden sollte. Also schlage um auf die nächsten Seiten wenn du mit deiner Zeiteinteilung nicht zufrieden bist oder gerne etwas daran verbessern möchtest!

Carpe Diem, liebe Leserin und Leser.

Carpe Diem - Die Zeit als wichtigste Ressource

Pflücke deinen Tag

Wer kennt das nicht? Es gibt Tage da fühlen wir uns so, als hätten wir das ganze Jahr darauf gewartet und erlebt manchmal an einem Tag mehr als im gesamten Jahr. Doch wieso ist das so? Und wieso schaffen manche an einem Arbeitstag 10x so viel wie andere in der gesamten Woche? Im Verlaufe meines Lebens sind mir einige Grundregeln aufgefallen und wenn du die Regeln befolgst, dann kannst auch du mehr aus deinem Alltag herausholen. Versprochen!

Doch zunächst einmal müssen wir uns im Klaren sein, was Carpe Diem ist und woher dieses Sprichwort kommt.

"Das Leben ist kurz. Brich die Regeln. Vergib schnell. Küss langsam. Liebe ernsthaft. Lache

unkontrollierbar und bereue niemals etwas, das dich zum Lachen gebracht hat."

Mark Twain

Carpe Diem ist lateinisch und bedeutet so viel wie "Pflücke den Tag". Ursprünglich stammt das Sprichwort aus der Ode „An Leukonoë" des römischen Dichters Horaz. Im Zitat von Horaz ist Carpe Diem nur ein Teil des Satzes, welches wie folgt zitiert wird:

"Carpe diem, quam minimum credula postero".[1]

Deutsch: *Genieße den Tag, und vertraue möglichst wenig auf den folgenden!*

Dabei bedeutet das lateinische Wort *carpe* = pflücken.

---

[1] vgl. https://www.britannica.com/topic/carpe-diem

Zeit ist die wichtigste Ressource in unserem Leben, deswegen ist dieses Sprichwort auch als Lebensmotto und Mindset zu verstehen. Während meiner Zeit bei IBM ist mir einiges klar geworden. Ich konnte feststellen wie einige der Kollegen sich sehr schwer mit dem Zeitmanagement getan haben und andere die es ganz einfach hinbekommen haben. Jeder hat mittlerweile seine Standardroutine und auch Überzeugungen wie er oder sie mit Themen wie z.b. Multitasking umgeht. Ich bin an der Stelle wirklich zwischen zwei Stühlen und tue mich schwer zu sagen: Vermeide Multitasking.

Das ist nicht meine Message für dich, warum erkläre ich dir im nächsten Abschnitt.

Fokus

Eines der ersten Gebote, damit du Carpe Diem als Lebensmotto anwenden kannst, ist der Fokus, den du setzen musst. Warum ist der absolute Fokus auf den Moment wichtig? Ganz einfach. Wir sind alle Jäger und Sammler, der Evolution sei dank. Der Fokus wird heutzutage aber nicht mehr so stark benötigt wie damals. Als die Jäger damals jagten, mussten sie voll bei der Sache sein. Sobald sie die Beute ausgesucht hatten, sollte alles glatt laufen. Ob mit Gewehr oder anderen Werkzeugen, der Jäger musste den Moment nutzen und er wusste, dass er nur diese eine Chance hat. Also war ein absoluter Scharfsinn gefragt, um erfolgreich zu sein. Es war für das Überleben unserer Spezies essentiell. Denn das Gehirn interessiert sich bekannterweise nur für das Überleben, das Erleben ist ihm egal. Heutzutage wiederum wird diese Fähigkeit bei vielen kaum noch gefüttert, wie auch?

Unsere Lebensweise hat sich so verändert, dass es auch nicht einfach ist mal eben so auf Beutejagd zu gehen. Wenn wir etwas aus dem Internet bestellen, dann machen wir das nicht immer sofort, sondern dann wenn es passt. Deswegen sind Angebote, die nur zeitlich begrenzt wie Black Friday so ein Erfolg für die Wirtschaft. Das Gehirn wird dabei manipuliert und denkt wieder ans Überleben, obwohl es selten Produkte sind, die überlebensnotwendig sind.

Oder macht es für dein Überleben einen Unterschied, ob du das iPhone 11 oder iPhone 12 hast? Eigentlich nicht. Unser Instinkt für den Fokus muss trainiert werden. Schließlich macht Übung den Meister. Und wer will nicht Meister im Fokussieren sein? Wenn du im Wettkampfsport tätig bist oder dich gerne duellierst, dann wirst du wissen, wovon ich rede.

Im Fußball beispielsweise werden Spieler, die nicht mit dem Kopf bei der Sache sind, in der Halbzeitpause ausgewechselt. Im Boxen macht meistens der Fokus auf den Moment neben der Willenskraft den Unterschied zwischen zwei gleichstarken Gegnern aus.

Multitasking

Fokus und Multitasking? Manch einer würde sagen, dass sei ein Oxymoron: ein Widerspruch in sich. Doch, ich bin der Meinung, dass beide Fähigkeiten sich nicht komplett aufheben. Es ist eine Frage der Übung und ebenfalls eine Frage, wie sehr man sich auf ein Thema konzentrieren muss. Des Weiteren ist es auch wichtig, ob die Multitasking-Aufgaben weit voneinander entfernt sind oder nicht. Wenn wir beim Boxen bleiben, dann haben Ex-Weltstars wie Muhammed Ali bewiesen, dass sie neben dem Boxen gleichzeitig den Gegner mit Sprüchen und anderen Gesten manipulieren können.

Doch Achtung! Es gibt Regeln, die bei Multitasking zu beachten sind. Egal was wir tun, vieles ist eine Frage der Wiederholung und richtigen Technik. Wenn wir ein Werkzeug richtig verwenden und das gilt auch bei Multitasking, dann wird auch diese Funktion dir weiterhelfen.

Nehmen wir ein klassisches Beispiel, dass jeder kennt: Auto fahren! Wer erinnert sich nicht an seine erste Fahrschulfahrt? Auf Überland oder im

Dunkeln? Die erste Autobahnfahrt. Für mich war sie der Horror. Ich dachte als ich neben einem LKW gefühlte 20 Minuten versucht habe ihn mit 5 km/h zu überholen: Das wars! Mein Leben ist vorbei. Auf gut deutsch: Tarkan, du kannst einpacken. Mittlerweile fahre ich seit über 10 Jahren unfallfrei und habe noch nie einen Punkt in Flensburg bekommen (nur am Rande erwähnt). Worauf will ich hinaus? Es ist alles eine Frage der Wiederholung. Mittlerweile kann ich gewisse Strecken mit geschlossenen Augen fahren (natürlich kein Anlass zum Ausprobieren, sondern nur im bildlichen Sinne). Ist das nicht verrückt, wie schnell wir uns an neue Situationen gewöhnen?

Ich bin kein Wissenschaftler, aber mittlerweile habe ich mitbekommen, dass es auch einen Einfluss hat, ob du Rechts oder Linkshänder bist. Das erklärte mir, weshalb ich z.B. als Linkshänder Schwierigkeiten bei einmaligen Aktivitäten hatte und diese irgendwann wiederholen musste.

Beispiel: Reifenwechsel beim Fahrrad: meine Frau kann sich fast alles merken, was sie einmal vor 10 Jahren gemacht hat. Ist das nicht unfair? Dafür habe ich die Fähigkeit durch Visualisierung mir vieles zu verbildlichen. Ich kann mich beispielsweise an fast alle Prüfungen erinnern, die eine Zeichnung beinhalteten.

Wie sieht es bei dir aus? Falls das dein Interesse geweckt hat, welcher Typ du bist, dann recherchiere bitte im Internet ausführlich. Weitere Details würden den Rahmen dieses Buches sprengen. Hier sind nur einige Unterschiede aufgelistet und wichtig für dein Verständnis ist, dass Linkshänder die rechte Gehirnhälfte ansteuern und Rechtshänder die linke Hälfte:

- Die **linke Gehirnhälfte**: fokussiert sich auf das logische Denken und ist Sitz des Sprachzentrums.
- Die **rechte Gehirnhälfte**: entscheidend für Kreativität und Wahrnehmung des Großen Ganzen. Ganzheitliche und intuitive Denkweise und steuert auch

Wahrnehmungen, Emotionen und Phantasie. [2]

Doch wie können wir gezielt Multitasking betreiben und gleichzeitig uns auf eine Sache fokussieren? Übung macht den Meister und das in dem etwas von deinem Bewusstsein in dein Unterbewusstsein kopiert wird. Ja genau, das ist die wichtigste Formel, die du wissen solltest. Dazu habe ich auch ein Beispiel aus der Computersprache: viele kennen wahrscheinlich beim Computer das C: und D:-Laufwerk. Es gibt einen flüchtigen und einen Nicht-flüchtigen Speicher.

In der Schule und Uni wurden wir immer daran erinnert unsere Arbeitsergebnisse entweder auf einem USB-Stick oder auf die D-Festplatte zu verschieben. Wenn du dir das verbildlichst, dann weißt du ungefähr wie es bei dir im Gehirn abläuft.

---

[2] vgl. https://www.gesundheit.de/medizin/psychologie/psychologische-fragen/linkshaender-sehen-die-welt-anders-hirnaktivitaet-veraendert-wahrnehmung

Also stell dir einfach ein Glas vor, dass erst getrunken wird, wenn das Glas bis oben hin voll ist. Je öfter du eine Sache übst, desto voller wird dein Glas und bildlich gesprochen wird dein Unterbewusstsein den Inhalt vom Bewusstsein austrinken. Also bleib immer durstig und lerne fleißig durch Wiederholung. Das Autofahren ist das perfekte Beispiel.

Um zu zeigen, dass du dann nicht Meister in jeder Disziplin des Autofahrens bist, gibt es noch das folgende Beispiel: Jetzt bist du sagen wir mal Berliner und fährst wie ich seit 10 Jahren durch Berlin. Kennst dich gut aus und planst einen Urlaub mit deinem Partner nach London. Oh oh! Du möchtest dir dort einen Mietwagen ausleihen und eine Sightseeing-Tour durch London machen.

Gerne, aber denk bitte daran, dass dein Unterbewusstsein nur bei den Sachen eingreifen kann, die ihm bekannt sind. Alles was neu sein wird, wie vor allem das Links-Fahren und die neuen Orte, werden dein Bewusstsein stark herausfordern. Viel Spaß dabei!

Als ich in London war, habe ich schon als Fußgänger mit dem Überqueren einer Straße gekämpft. Kein Wunder, dass die Briten schon unten ein "Look Right" und "Look Left" gestrichen haben. Ich möchte ungern wissen zu wie vielen Unfällen das schon geführt hat. Denn schließlich bist du dran wahrscheinlich gewohnt, wenn du aus Deutschland kommst, auf eine Seite zu schauen. Dies wird sich spätestens in England ändern. Am Ende schaust du wie ich nach links und nach rechts und das am besten dreimal hintereinander bist du völlig durcheinander bist.

Auch die Züge oder die Rolltreppen, die dann links orientiert sind. Furchtbar für uns anders trainierten. Interessanterweise wird beim Rolltreppen-Fahren links überholt wie in Deutschland, nichts rechts. Das am Rande bemerkt. Wichtig für dich als Message ist somit: du kannst Fokus und Multitasking gleichzeitig einsetzen und wirst bei richtiger Anwendung beider Fähigkeiten exponentiell erfolgreich sein und nicht mehr linear. Beispiel meiner Wenigkeit.

Ich habe neben meinem Vollzeit-Job als Berater bei IBM ca. 30 Stunden für den Kunden in der Woche gearbeitet. Dabei musste ich 12 Stunden ca. die Woche von Berlin nach Bonn pendeln. Habe nebenbei 4 Stunden noch Vorlesungen für Studierende an meiner alten Hochschule gegeben.

Zusätzlich habe ich die Teamabende in Bonn organisiert, zwei Stunden in der Woche mit Reisekostenabrechnung und all den Kram dazu beschäftigt. Nebenbei habe ich mich um meine Familie gekümmert und meine Tochter montag nachmittags und freitags mittags abgeholt. Richtig gehört! Freitag mittag hatte ich Wochenende, weil ich alles aus den Tagen zuvor herausgeholt habe. Auch diesmal ist es kein Appell an dich, das nachzumachen oder dir unnötig Stress zu machen.

Ich habe einfach für mich festgestellt, dass ich vieles gleichzeitig kann, wenn ich schon damit vertraut bin. Du sollst für dich herausfinden, was dir leicht fällt und wenn dir etwas leicht fällt, dann ist es das erste was du von C nach D schieben kannst und hast dann freie Kapazität für andere wichtige Sachen.

Ich bin auch fest davon überzeugt, dass unser Gehirn ähnlich wie beim ROM eine feste Kapazität hat. Falls du dich für mehr Informationen rund um unser Gehirn und die Funktionen interessierst, kann ich dir nur wärmstens das Buch vom Nobelpreisträger Daniel Kahneman "Schnelles Denken, langsames Denken" [3] empfehlen.

[3] vgl. https://amzn.to/2Qc8OnP

GIGO

GIGO ist ebenfalls ein Begriff aus der Computersprache und bedeutet: Garbage in Garbage out. Zurückzuführen ist dieser Begriff auf den IBMer George Fuechsel und auf deutsch bedeutet diese Abkürzung so viel wie: Kommt Müll rein, geht auch Müll raus[4]. Im vorherigen Beispiel kann es ebenfalls auch vorkommen, dass du Müll von C nach D verschiebst oder noch schlimmer: negative Inhalte!

Dann bitte lieber Müll-Inhalte anstelle von negativen Inhalten. Doch, was ist Müll in deinen Augen und das ist die Kernfrage. Müll oder Sachen, die keinen Mehrwert bieten, kann nur einer selbst herausfinden, indem jener sich damit beschäftigt. Dabei ist wichtig:

---

4 https://searchsoftwarequality.techtarget.com/definition/garbage-in-garbage-out

"Die Dosis macht das Gift."[5]

Paracelsus

Es sei dir gegönnt, wenn du ab und zu etwas konsumierst oder dir meinetwegen Müll im Fernsehen oder wie ich gerne Fußball reinziehst.

Aber ganz wichtig dabei ist immer abzuwägen, ob du gerade GNTM (Germanys Next Topmodel), Bachelor oder das Relegationsspiel der dritten Fußball-Liga dir anschauen musst.

Ein kleines Rechenbeispiel: Stell dir vor, du schaust jede Woche vier Stunden Fußball (leicht stemmbar für Fußball-Fanatiker) mit nur zwei Spielen in der Woche. Im Jahr bist du dann bei 52*4 Stunden = 208 Stunden und in 10 Jahren (ausgehend, dass sich dein Konsum nicht ändert). Nach 10 Jahren hast du dann 10 * 208 Stunden = 2080 Stunden und somit ca. 86,66 Tage, also ca. 3 Monate deines

---

[5] vgl. https://de.wikipedia.org/wiki/Paracelsus

Lebens “verschwendet”. Unfassbar oder? Nach 40 Jahren würdest somit 1 Jahr früher sterben. Das ist heftig! Und in drei Monaten schreiben manche Bücher oder gehen auf Weltreise. Stell dir vor, was du mit all dieser Zeit machen könntest, um deine kurz- und langfristigen Ziele zu erreichen.

Vermeide Werbung

Ein anderes Thema, das uns verblödet, ist Werbung.

Zusätzlich zum Fernsehen solltest du vor allem Werbung vermeiden und zwar aus zwei Gründen:

1. Suggerieren die Werbetreibenden, dass das Leben so und nur so cool wäre, wenn du das neueste Auto oder Handy hast (Gehirnwäsche lässt grüßen)

2. Verlierst du auch hier wertvolle Zeit. Bleiben wir beim Rechenbeispiel von zwei Stunden Fernsehkonsum pro Tag. Somit hast du im Schnitt ca. 15 Minuten Werbung während dieser Zeitspanne. In der Woche sind das dann 105 Minuten und im Jahr ca. 5500 Minuten. Das sind

dann aufgerundet vier Tage im Jahr und schon wieder fällst du vom Hocker!

Werbung kann durch einen kleinen Beitrag im Jahr oder durch sogenannte Adblocker komplett entfernt werden. Rechne für dich das Return on (Time) Investment (RoTI) aus, indem du die Schritte aus dem Kapitel Return on (Time) Investment durchführst.

Vermeide Social Media

Ich erinnere mich noch ganz genau, als ich mein Facebook-Account deaktivierte. Ja richtig, Facebook ist so verrückt, dass du zuerst dein Konto deaktivieren musst und erst dann löschen kannst. Die ersten Male wurde ich wieder rückfällig und dachte, ich kann nicht leicht mein Profil bei Facebook löschen. Es fühlte sich an, als würde meine digitale Identität verloren gehen. Doch eines Tages habe ich es durchgezogen und das zu einem Zeitpunkt vor 5 Jahren, als Facebook wahrscheinlich zum Dreh-und Angelpunkt sozialer Medien wurde.

Es führte kaum ein Weg an Facebook vorbei. Überall gab es Login-Möglichkeiten mit Facebook und ich nutzte bereits solche Dienste. Auch hier ein Appell: Überlegt euch immer, wie abhängig ihr euch von Diensten machen wollt. Es fängt beim Login der Dienste an. Als ich mich endlich aus “Facebook” löschte, habe ich mich digital tot gefühlt. Im Ernst, ich dachte es fehlt mir etwas und in meinem Unterbewusstsein bin ich einige male wieder auf die Login-Seite gegangen. Zum Glück stand dort: Es gibt keinen Benutzer mit der eingegebenen Emailadresse, Gott sei dank! Ich war raus aus Zuckerbergs-Welt und konnte mindestens 20 Minuten pro Tag mit sinnvollen Dingen verbringen.

Neben der Zeit, die uns gestohlen wird, werden wir auch hier gebrainwashed. Die Leute posten nur Zeug von sich, wenn sie im Urlaub sind oder das neue Baby dann zum 100. Mal fotografiert wird. Die Stars tun so, als wäre ihr Leben wie im Traum. Somit wird eine Welt erstellt, die fiktiv ist und für den Zuschauer den Anschein erweckt, als wäre dieses Leben real.

Das Einzige was bei dir nicht stimmt, ist dass du deinen Gehirn unnötig verwirrst und deine Zeit und Aufmerksamkeit an die falschen Leute (Fake Friends) abgibst.

Master your phone!

Mit einfachen Tricks kannst du dein Leben wieder zurückerobern oder zumindest das Lebensmotto Carpe Diem in die Pole Position schieben, indem du "Master" über dein Smartphone wirst. Doch was ist genau damit gemeint, schließlich gehört das Handy ja dir.

Ich sag nur: Riiiiing! Und schon schaust du auf dein Handy. Notifications wie cool, und immer erreichbar noch cooler? Dann bist du hier fehl am Platz, sorry my friend. Ist dir mal aufgefallen, dass genau das problematisch ist. Fokus heißt nicht, dass du kein Multitasking machen kannst, im Gegenteil: Fokus steht jedoch im Gegenteil zu Ablenkung.

Genau das ist ein gesellschaftliches Problem in Deutschland, wenn nicht sogar weltweit. Ablenkung tritt genau dann ein, wenn wir es nicht erwarten und was passiert meistens? Du vergisst, was du vorher gemacht hast oder machen wolltest. Die Medien und auch viele Marketing-Experten machen sich das zunutze und lenken dich so sehr ab, dass du nicht mehr weißt, wo vorne und hinten ist.

Beispiel:

Warst du mal in einem riesigen Supermarkt? Am besten ohne Einkaufszettel und dann noch hungrig? Hast dir die Backzutaten, die deine Frau braucht, im Kopf gemerkt? Ja cool, denkst du. Alles ist noch gespeichert. Jetzt gehst du zum Supermarkt. Das erste was dir auffällt: die haben die Regale getauscht: oh oh.

Dein Bewusstsein ist alarmiert und du musst dich schon stärker konzentrieren, da die Butter nicht mehr hinten rechts ist, sondern vorne links. Du hast auch noch hunger. Dein Gehirn schaltet in den Überlebensmodus und du musst dir erstmal was zum Mampfen in der Selbstbedienung besorgen. Oh man, jetzt ist es aus. Der Supermarkt schaltet jetzt auch noch das Radio ein und du hörst die Nachrichten aus Politik und Sport. Oh, Bayern hat mal wieder gewonnen und morgen ist wieder schlechtes Wetter in Deutschland.

Fazit: du wirst total abgelenkt und verlierst unnötig Gehirnkapazität. Der Händler verfolgt natürlich seine Interessen und möchte, dass du soviel einkaufst, wie es nur geht. Dein Ziel ist jedoch anfangs gewesen die Backzutaten für den Kuchen zu kaufen. Am Ende müssen wir aus auch die Frage stellen: welche Interessen verfolgt mein Gegenüber, um ihn besser zu verstehen. Dein Umfeld ist somit besonders entscheidend für dich.

Du bist der Spiegel deines Umfelds

Dein Umfeld hat den größten Einfluss auf dich. Die meiste Zeit während der Kindheit verbrachte ich in einer Hochhaussiedlung im Norden Berlins. Das Märkische Viertel (MV) hat auf engstem Raum eine Einwohnerzahl von über 40.000 Menschen und die Hochhäuser sind zwischen 10 und 18 Stockwerken hoch.[6]

Dort habe ich Tag ein Tag aus gesehen welchen Unterschied dein Wohnort auf deine Lebensqualität macht. Viele dort haben einen geringeren Bildungsabschluss, wenn überhaupt und leben von der Hand in den Mund. Den Vergleich konnte ich dann mit 20 Jahren machen, als ich in eine Einzimmerwohnung einer wohlhabenden Gegend Berlins zog.

In Hermsdorf sah die Welt ganz anders aus und viele waren auf privaten Schulen oder befassten sich mit intellektuellen Themen als im MV. Warum erzähle ich es dir? Nun ja, viele von uns realisieren

---

[6] vgl. https://www.berlin.de/ba-reinickendorf/

nicht richtig welchen Einfluss das Umfeld auf jemanden hat, egal ob es der Wohnort, der Nachbar oder die Menschen um einen herum sind. Wenn du das Gefühl hast, dass du nur von negativen Menschen umgeben bist dann ist es ratsam erst einmal getrennte Wege zu gehen.

Ich kenne mittlerweile sehr viele Leute, die genau das in ihrem Leben geändert haben und somit auch sich ändern konnten. Es bringt dir nichts wenn du immer wieder emotional an Dinge erinnert wirst, die einen negativen Gedanken in dir auslösen. An dieser Stelle gibt es nur zwei Möglichkeiten: entweder du überschreibst diese Gedanken mit etwas Positivem oder du ignorierst diesen Ort.

Ein Beispiel: dein Partner macht mit dir aus heiterem Himmel Schluss und euer Lieblingsplatz war das italienische Restaurant am Ende der Straße. Du wirst als Schutzmechanismus diesen Ort nicht mehr besuchen, denn dein Gehirn hat damit logischerweise nur Erinnerungen mit deinem ehemaligen Partner verknüpft. In ein paar Jahren wirst du hoffentlich diesen Italiener anders sehen und der wird voll geschmückt sein mit positiven und einzigartigen Erinnerungen an eine ganz besondere Zeit. Das ist die Variante des Ignorierens und die zweite Variante ist, dass du diesen Italiener mit der Zeit mit etwas anderem in deinem Gehirn verknüpfst als mit deinem Ex-Partner.

Beispielsweise fängst du dort an zu arbeiten oder du nutzt den Platz als kreativen Ort für dein nächstes Buch oder zum "Daten" des nächsten Partners. Meine Message für dich ist hierbei, dass du ganz genau darauf achten solltest, welche Personen du in dein Umfeld lässt und welche nicht:

"Sag mir wer dein Freund ist, und ich sage dir, wer du bist." [7]

Author unbekannt

Dein Umfeld und somit auch der Einfluss bezieht sich dabei nicht nur auf Personen und Orte, sondern

[7] Psychologie der Sprichwörter (Hrsg. Dieter Frey)

auch auf dein Konsum. Ich hatte irgendwann einmal die Entscheidung für mich getroffen, kein Fernsehen mehr zu schauen. Das war eine harte Entscheidung und es hat lange gebraucht, bis sich mein Gehirn an die neuen Umstände gewöhnt hatte. Für mich war es wichtig, herauszufinden, was ich für mein Leben brauche. Heutzutage gibt es viel bessere Möglichkeiten sich zu unterhalten oder fernzusehen. Denk dran: Unterhaltung kommt von "unten halten", auch wenn manche anderer Meinung sind, hilft mir dieser Spruch mir immer wieder bewusst zu werden, dass man sich so nicht weiterentwickeln kann.

Ab und zu ist es natürlich wichtig sich unterhalten zu lassen, denken wir mal an gesellschaftliche Aspekte wie Kino, Theater und Fußball in einer Kneipe schauen. Wichtig ist die Dosis, denn bekannterweise macht die Dosis das Gift. Ich selbst schaue gerne Fußball oder einen Film mit meiner Frau, aber dann entscheiden wir uns bewusst dafür und vermeiden Werbung.

Das traditionelle Fernsehen stellt dir die Sendungen zur Auswahl, aber nicht deren Inhalt. Streaming kann dabei deine Effizienz steigern, wenn du auch dort diszipliniert bleibst und deine Zeit nicht unnötig verschwendest. Eine kleine Rechnung:

Wenn du jeden Tag 2 Stunden fernsehen würdest, dann wären das in der Woche 14 Stunden. Im Monat ca. 60 Stunden und im Jahr sind es dann schon 720 Stunden. Das in Tagen sind wiederum 30 Tage. Halt dich fest! Dein Jahr hat somit 11 statt 12 Monate. Ist das nicht erschreckend? Ja, definitiv.

Als ich diese Zahlen sah, dachte ich, es muss sich was ändern. Mittlerweile schaue ich höchstens einmal die Woche Fußball. Das sind maximal 2 Stunden Konsum die Woche und im Jahr 104 Stunden, somit ca. 4 Tage. Allein durch diese Umstellung habe ich 26 Tage mehr Zeit für andere Sachen im Leben.

Umso wichtiger ist es, dass du erst einmal dir Zeit frei räumst. Als nächstes gestaltest du die Zeit sinnvoll. Du wirst vielleicht sagen, aber ich bin abends nach 10 Stunden unterwegs sein so fertig mit den Nerven, dass ich mich nur noch beschallen möchte. Kannst du ja auch mal machen, aber es gibt weitaus bessere Möglichkeiten. Sonst wirst du dich wundern, wo die Zeit geblieben ist. Deine einzige Ressource, die du nicht zurück kriegst.

Investiere in dich und bilde dich weiter. Zeig mir dein Bücherregal und ich sag dir wer du bist. Zeig mir deine Online-Einkäufe und ich sag dir wer du bist. Zeig mir deine Youtube-Abonnements und ich zeig dir wer du bist. Es gibt so viele Indizien, die zeigen, was für eine Person wir sind. Heutzutage sind es definitiv die digitalen Inhalte wie Social Media.

Schon im vorherigen Kapitel hatten wir über die unnötig verlorene Zeit durch Social Media gesprochen. Deswegen Finger weg davon und anfangen Bücher zu kaufen, die dein Leben ändern werden. Hat dich je ein Social Media-Beitrag so dermaßen geprägt wie ein Sachbuch? Ich denke nicht und wenn ja, dann im falschen Sinne. Wenn du später einmal dein Unternehmen aufgebaut hast oder endlich dein eigenes Zeitmanagement beherrschst, dann kannst du mit Sicherheit auch in den sozialen Medien aktiv sein, dann aber nur wegen der Kundenbindung etc. Du hast dann auch deine Perspektive geändert und wurdest vom Folgendem (Follower) zum Gefolgten (Followed). Neben Büchern kannst du auch gern in Veranstaltungen in deiner Nähe gehen oder am besten Podcasts hören und Blogs lesen.

Ich habe zum Beispiel einige Regeln aufgestellt, wie ich mein Smartphone kontrolliere und nicht das Smartphone mich:

- Schalte Bildschirmzeiten auf deinem Handy ein
- Beschränke Apps auf eine Zeit (2-5 min maximal/ Tag)
- Vermeide Benachrichtigungen, die nicht wichtig sind. Denk dran: immer wenn etwas auf deinem Handy aufpoppt, wirst du abgelenkt und vergisst vielleicht einen entscheidenden Gedanken
- Gehe nur an das Telefon bei Anrufen, die dir wichtig sind
- Gehe ab und zu in den Ruhe- bzw. Flugmodus und lass dich gar nicht stören

Aus deinen Gedanken wird dein Schicksal

In einem Podcast[8] habe ich einmal folgendes Zitat gehört, dass deine Gedanken deine Handlungen kontrollieren und deine Handlungen am Ende dein Schicksal entscheiden. Ich fing an über dieses Zitat nachzudenken und mir fiel auf, dass in diesem einen Satz mehr Wahrheit dran ist als in manch einem Buch. Im Fußballspiel war es immer entscheidend neben der körperlichen Fähigkeit auch mental stark zu sein. Dieses Beispiel gilt für alles andere auf der Welt. Umso wichtiger ist es sich mit unseren Gedanken auseinanderzusetzen.

Wenn wir uns unser Gehirn und letzten Endes uns selbst besser verstehen, dann werden wir auch das meistern. Der erste Schritt ist aber immer Erkenntnis. Ohne Erkenntnis sehen wir den Wald vor lauter Bäumen nicht mehr. Zur Erkenntnis gehört aber auch die Möglichkeit der Reflexion. Wir können uns nur reflektieren, indem uns ein Spiegel vor die Nase gehalten wird. Deswegen ist es an dieser Stelle von immenser Bedeutung, dass wir mit

---

[8] vgl. Podcast: Christian Bischoff

unserem Umfeld kommunizieren. Ansonsten werden unsere negativen Gewohnheiten nicht reflektiert.

Wusstest du, dass unser Gehirn ähnlich wie Computer funktioniert. Es werden sogenannte Assoziationen gebildet, die einen starken EInfluss auf deine Gewohnheiten haben. Ein Raucher beispielsweise raucht nicht nur wegen des Rauchens. Er assoziiert damit wahrscheinlich mindestens 10 weitere Punkte wie: Ruhe, Stressabbau, Ablenkung, Pause etc. Analog sieht es bei Kaffeetrinkern aus.

In der Computer-Programmiersprache ist die Rede von Bedingungen. Dabei treten Ereignisse erst auf, wenn bestimmte Bedingungen erfüllt sind. Der Quelltext sieht ungefähr so aus (stark vereinfacht):

```
if

{x = y && z = true ;

a = true;

else

b = true;

}
```

Kommentar: Wenn X gleich Y ist und Z wahr ist, mache a, ansonsten b.

Am besten bildest du dir auch da wieder Eselsbrücke (Achtung: Eselsbrücken sind die besten Verbinder/ Assoziierer) und lernst zum Beispiel ein Gedicht oder was anderes.

Allein sein ist nicht toll,

Mein Akku ist nicht voll,

Also gehe ich joggen.

Du könntest aber auch sagen:

Allein >> Ruhe >> Zeit für mich >>>> Buch lesen >>> Gemütlich machen >> Kaffee oder Tee zubereiten.

Anderes Gedankenexperiment: Woran denkst du bei den folgenden Wörtern? (Schreibe Sie rechts daneben auf)

Schwarz:

Zauberer:

Mädchen:

Wasser:

Schon verrückt oder? Wie schnell du antworten parat hast. Dazu müssen wir alle wieder keine Wissenschaftler sein, um das zu erklären. Es sind einfach Verbindungen, die jeder irgendwann je nach Sprache, Herkunft und Alter aufgebaut hat.

Vermutlich sehen deine Antworten wie folgt aus:

Schwarz: Nacht, Dunkelheit

Zauber: Harry Potter, Merlin

Wasser: gesund, lecker, Sprudel etc.

Was Carpe Diem nicht ist

Carpe Diem bedeutet nicht, dass du jetzt raus rennst und unstrukturiert an den Tag gehst. Wenn der Arzt dir sagt, dass du nur noch ein Tag zum Leben hättest, dann kann Carpe Diem eine ganz andere Bedeutung haben. Deswegen ist auch ein Verallgemeinern des Lebensmottos "Carpe Diem" nicht unbedingt empfehlenswert. Denn jeder Mensch ist ein Individuum mit vielleicht völlig unterschiedlichen Interessen und Hobbies.

Gewohnheiten und vor allem Lebenserfahrungen. Die Kunst von deinem Carpe Diem ist es, dass du dich im Vorfeld mit dir und deinen Big Five for Life auseinandersetzt. Kennst du das Buch "Big five for live" [9] ?

Es geht genau darum herauszufinden was deine 5 wichtigsten Dinge im Leben sind, die du erreichen

---

[9] siehe https://amzn.to/2F07ZYJ

willst. Um deine Big Five for Life zu kennen, musst du dich wieder mit dir auseinandersetzen.

Mit dem was du erreichen willst. Was sind deine Wünsche und Talente. Jeder Mensch hat Talente. Manche haben wir vielleicht nie ausprobiert? Deswegen bin ich auch ein Fan davon, dass Kinder viel ausprobieren. Hätte ich damals nicht mit meinem besten Freund und meinem Cousin das Fußballspielen im Verein kennengelernt, dann wäre ich sicher heute ein anderer Mensch.

Woher willst du wissen, ob du gut in etwas bist ohne es ausprobiert zu haben? Beispiel: Tanzen und Singen. Ich weiß, dass ich relativ gut tanzen kann und wenn ich es mehr trainieren würde, dann könnte ich da noch viel mehr herausholen. Anders beim Singen. Meine Frau sagt immer, dass ich mega schief singe und da hat sie recht. Ich weiß dass ich das trainieren kann, aber die Möglichkeiten dafür begrenzt sind. Anders beim Tanzen, da weiß ich dass ich nur wenig trainieren muss um da voranzukommen.

Ein Professor der MIT[10] hatte einmal erwähnt, dass jegliche Qualität von den drei Faktoren:

1. Wissen
2. Praxis
3. Talent

abhängt.

Cristiano Ronaldo beispielsweise hätte wahrscheinlich nie der beste Fußballer sein können, wenn er nicht zu seinem Talent nicht auch so hart trainiert und Wissen angeeignet hätte. Du musst dir bildlich immer eine Skala von 0-100% vorstellen. Jeder kann mit viel Arbeit und davon bin ich überzeugt die 100% erreichen. Leute, die ein Talent für etwas haben und dass herausfinden, die fangen mindestens bei 20% oder wenn nicht schon 30% an und können statt Leute mit wenig Talent in 2er-Schritten zur 100% kommen als andere.

Deswegen ist wieder hier mein Appell an dich:

---

[10] vgl. https://ocw.mit.edu/resources/res-tll-005-how-to-speak-january-iap-2018/

- jeder hat Talente
- Finde deine Talente in jedem Bereich deines Lebens
- Finde deine Big Five for Life
- Sei geduldig, manchmal nehmen wir Umleitungen im Leben aber die führen uns eventuell zu neuen Pfaden, die wir so nicht erreicht hätten
- Was ist dein Carpe Diem?

Prioritäten setzen

Prioritäten zu setzen ist das A und O, wenn du für dich herausgefunden hast, womit du dich beschäftigen möchtest. Nachdem du alle Ablenkungen abbestellt hast, gibt es gewisse Techniken Prioritäten zu bestimmen. Es empfiehlt sich definitiv alle Themen aufzuschreiben und dann systematisch zu bewerten. Das kannst du am besten mit einer Benotung der Themen machen (von 1-6, wie in der Schule: 1 sehr gut/wichtig und 6 schlecht/ unwichtig. Ein Beispiel unter der Annahme, dass du in der 10. Klasse bist und kurz vor deinem mittleren Schulabschluss bist:

- Mit Freunden treffen
- Bewerbung abschicken
- Fußball spielen
- Ausschlafen
- Auto waschen
- Lernen für die Prüfung

Dieses fiktive Beispiel trifft höchstwahrscheinlich auch auf dich zu, denn wir leben nunmal in einer Leistungsgesellschaft. Es gibt Dinge im Leben, die haben Prio 1. Manche Dinge können warten und jeder muss für sich selber diese Liste pflegen und bewerten. Ich sehe oft Menschen, die zu viel Zeit mit Dingen verbringen, die eher zweitrangig sind und keine Eile haben. Das obige Beispiel sollte am besten wie folgt bewertet werden:

- Bewerbung abschicken = 1
- Lernen für die Prüfung = 1
- Ausschlafen = 3
- Mit Freunden treffen = 4
- Fußball spielen = 5
- Auto waschen = 6

Warum ich das so bewertet habe? Ganz einfach: Deine Prio 1 sind in diesem Fall die ersten beiden Themen. Idealerweise hast du genug Puffer zum Lernen und fängst erst mit der Bewerbung an, da dieses Thema meist eine Deadline hat. Im Anschluss kannst du bequem anfangen zu lernen. Der dritte Punkt ist ebenfalls wichtig: Ausschlafen ist der Part der Verarbeitung und wer kennt das nicht, dass die besten Gedanken kurz vor dem Einschlafen kommen und in den Träumen einfach der Chaos des Tages aufgeräumt wird. Schreibe dir deine Prioritätenliste auf:

Thema	Note

Des Weiteren gibt es noch das Eisenhower-Diagramm als mögliche Priorisierung deiner To-Dos.

Das Prinzip hat seinen Ursprung vom ehemaligen US-Präsidenten Dwight D. Eisenhower. Das Eisenhower-Diagramm befasst sich mit den beiden Werten: Wichtigkeit und Dringlichkeit[11].

<table>
<tr><td rowspan="3">↑
Wichtigkeit</td><td>Wichtig, aber nicht dringend</td><td>Wichtig und dringend</td></tr>
<tr><td>Nicht wichtig und nicht dringend</td><td>Dringend, aber nicht wichtig</td></tr>
<tr><td colspan="2">Dringlichkeit →</td></tr>
</table>

Laut Eisenhower-Prinzip soll man mit den Aufgaben im jeweiligen Quadranten wie folgt umgehen:

---

[11] vgl. https://www.lernen-heute.de/selbstmanagement_eisenhower.html

1. **Wichtig und dringlich:** hier befinden sich die wichtigsten Aufgaben, die zum Ziel erforderlich sind.
2. **Wichtig, aber nicht dringlich:** die Wichtigkeit ist auch hier gegeben, allerdings kein zeitlicher Druck.
3. **Dringlich, aber nicht wichtig:** Aufgaben sollten kurzfristig abgeschlossen werden. Sind jedoch nicht relevant.
4. **Weder wichtig noch dringlich:** Aufgaben, die in beiden Richtungen nicht relevant sind.

Die Eisenhower-Priorisierung ist ein Klassiker des Zeitmanagements. Es gibt jedoch auch berechtigte Kritik. Unter anderem stellen sich die Experten die Frage wie die Bestimmung der beiden Aspekte Wichtigkeit und Dringlichkeit definiert wird.

Lass dir Zeit

Ich erinnere mich noch ganz genau an eine Prüfung in meinem Master. Ich habe die Prüfung nicht bestanden, obwohl ich eine Woche durchgelernt hatte. Im Nachhinein verstand ich wie unser Gehirn arbeitet und das gewisse Lernprozesse ihre Zeit in Anspruch nehmen. Nicht umsonst heißt es auch Lernprozess.

Ein Prozess dauert an und ist nicht binnen Tage erreicht. Nachdem ich mir im zweiten Anlauf sechs Wochen Zeit nahm, um thematisch tief in der Materie zu sein, bestand ich auch mit Leichtigkeit. Kennst du das? Vielen fehlt hierbei jedoch die Geduld und ab und an werden die Prüfungen auch schlecht getimed. Entweder vom Schüler oder vom Lehrer. Das Timing ist dabei das Wichtigste. Du kannst nicht innerhalb von 10 Tagen eine Klausur zu Mathe, Englisch und IT mit sehr gut bestehen, wenn du dir das Lernen von Anfang an nicht schon richtig einteilst. Lerne dein Lernverhalten kennen und vertraue dann auf deine Stärken.

Life-Balance

Na, wer kennt nicht auch das Thema der Life-Balance? Ich sage absichtlich Life-Balance, denn das Wort Work-Life-Balance suggeriert, dass du zwischen Arbeit und Leben unterscheidest. Dieses falsche Mindset möchte ich aus meinem wie aus deinem Gehirn vertreiben, indem ich bewusst das Wort Life-Balance verwende.

Als ich bei IBM war, hatte ich eine super Life-Balance. Fast eine 4-Tage-Woche. Dadurch, dass ich so viel unterwegs war, konnte ich Freitag mittags Feierabend machen. Doch von Dienstag bis Donnerstag war ich für gewöhnlich in Bonn beim Kunden. Die Abende waren gut für mich zum Rauskommen, jedoch war das keine Quality-Time. Ich hing meistens irgendwo im Hotel ab oder ging mir was zu Essen kaufen. Ab und an auch ins Kino, aber so richtig Life war das nicht. Das war auch der Auslöser, warum ich IBM verließ. Die Life-Balance war da, aber ich war nicht produktiv. Zuhause jedoch, habe ich alles da was ich brauche und meine Familie und Freunde ebenfalls. Das machte einen erheblichen Unterschied und ich konnte meine Zeit wieder sinnvoller und flexibler gestalten. Es gibt mittlerweile viele Anhänger, die das Wort "Work" aus der sogenannten "Work-Life-Balance" streichen. Wenn wir genauer darüber nachdenken, dann wird uns bewusst, dass unser langfristiges Ziel es sein sollte, von Work auf Life zu wechseln.

Das Leben kann aus Arbeit bestehen, aber die Arbeit sollte nicht ein zu großer Bestandteil des Lebens sein, wenn wir die Arbeit nicht gerne verrichten. Von daher ist der Rat an der Stelle klar: gutes Zeitmanagement bedeutet auch nach Carpe Diem bewusst zu wissen, welche Zeit wir ernten. Im bildlichen Sinne bringt es uns nichts, wenn wir Birnen pflücken und wir dagegen allergisch sind. Falls du dich mehr mit deinen wichtigen Themen im Leben auseinandersetzen möchtest, empfehle ich dir das Buch "The Big Five for Life" von John Strelecky.[12]

---

[12]siehe https://amzn.to/2F07ZYJ

Timing

Timing ist alles. Wie oft haben wir schon diesen Satz gehört. So banal er klingt, die Kunst des Timings hat aber viele Facetten. Wenn du mehr Paarzeit mit deinem Partner hast, dann ist es nicht die schlauste Art es während eines Streits anzusprechen. Nehmt euch doch dafür als Beispiel eine Stunde pro Woche Zeit, um diese besonderen Themen des Einzelnen anzusprechen. Veränderungen geschehen und viele Partner und Freunde sehen jemanden aus dem Blickwinkel wie sie die Person kennengelernt haben. Wenn ich nach "Timing" recherchiere, dann ist eines der Definitionen folgender:

"Bestimmung des geeigneten Zeitpunkts, Wahl des richtigen Zeitpunkts, Zeiteinteilung, zeitliche Abfolge, zeitliche Abstimmung/Koordinierung, zeitliches Aufeinanderabstimmen, Zeitplanung" [13]

---

[13] vgl. https://www.duden.de/rechtschreibung/Timing

Koordination ist das Stichwort für Timing! Beim Fußball beispielsweise ist das Timing von besonderer Bedeutung: Wenn ein Spieler einen Steilpass spielt, dann muss dieser Pass perfekt koordiniert sein, ansonsten kommt der Ball zu früh oder zu spät an. Ich schätze nahezu jede Person hat im Leben Beispiele erlebt, die von gutem und schlechtem Timing geprägt waren. Uns ist bewusst, dass bevor wir Zeitmanagement betreiben können, wir uns mit unserer inneren Person auseinandersetzen sollten. Selbstmanagement ist die Vorlage für ein perfektioniertes Zeitmanagement. Es muss ebenfalls gut getimed sein und wohl überlegt. Wenn du dich heute viel mit einer Sportart beschäftigst, jedoch in fünf Jahren ein anderes Hobby entdeckt hast, solltest du deine Zeit genau für dieses neue Hobby freischaufeln. An dieser Stelle ist es immer wieder wichtig, einen jährlichen Soll/ Ist-Abgleich durchzuführen, um die sogenannten Zeitfresser zu beseitigen.

Vermeide Zeitfresser

Wer kennt das nicht. Schon wieder sind wir wieder mit etwas beschäftigt, was uns keinen Spaß macht und uns zudem noch unheimlich auf den Wecker geht. Für mich war es u.a. das Pendeln von A nach B und Haushaltsaktivitäten wie Staubsaugen. Daraus folgten Maßnahmen. Letzteres wurde beispielsweise durch einen Saugroboter ersetzt.

Oft ist auch die fehlende Kommunikation die Ursache für Zeitfresser. Bei der Arbeit beispielsweise konnten mein Arbeitskollege und ich uns die Aufgaben so verteilen, dass im Endeffekt jeder sich um seine Stärken kümmern konnte. Dazu ist jedoch die Bereitschaft jedes Einzelnen gefragt. Ohne die Kenntnisnahme des Gegenübers können keine perfekten Lösungen gefunden werden.

Investiere in dich

Ich habe mich mal mit einem Freund unterhalten, der mehrere tausend € durch Aktien seiner Firma gewonnen hatte. Die nächste Dividende stand an und er erzählte mir, dass es wieder mehrere hundert € sind, die hinzukommen. Als ich nachfragte, was er mit dem Geld vorhat, war er klar und sagte, dass er es einfach auf dem Konto lässt. Da wurde ich stutzig und meinte wieso er nicht mindestens den Gewinn nimmt und in sich investiert durch Fortbildung in Form von Kursen, Seminaren, Zertifizierungen etc. Er vergaß, das Geld Mittel zum Zweck ist und nie der Zweck selbst. Wenn man nicht in sich investiert oder in die eigenen Kinder, was soll denn dann herauskommen?

Pareto-Prinzip

Ich habe viele Leute auf der Arbeit getroffen, die ihre Zeit fast nur mit dem Beantworten von Mails zu tun hatten. Kennst du die Regel 80/20? Die 80/20-Regel wird auch das Pareto-Prinzip genannt[14] und wurde von Vilfredo Pareto das erste mal in Italien 1896 aufgegriffen. Ihm fiel auf, dass etwa 80% des Landes von 20% des Landes besitzt wurden.

Als weiterer Axiom schließen die Vertriebler, dass 80% des Vertriebs von 20% der Kunden bezahlt wurden. Die 80/20-Regel kann auf deine Lebenssituation adaptiert werden. Beispielsweise wird gesagt, dass du eine Aufgabe, die du mit 80% angehst, auch mit 20% meistern kannst. Die restlichen 80% deiner Arbeitskraft kannst du in andere Arbeit investieren. Im Buch "Eat that Frog" von Brian Tracy, schreibt der Autor, dass ihn auf der Arbeit auffiel, dass viele den ganzen Tag mit E-Mails beantworten verbracht haben, wenn sie

---

14 https://www.thebalancecareers.com/pareto-s-principle-the-80-20-rule-2275148

jedoch die 80/20-Regel befolgt hätten, wären sie effektiver gewesen[15].

Anti-Aufschieberitis

Wie viele Studenten habe ich während meiner Studienzeit getroffen, die immer wieder die Prüfungen nach hinten geschoben haben, in der Hoffnung, dass es in drei Monaten besser passt. Aus Erfahrung kann ich sagen, dass es bei denjenigen nicht besser wurde und oft alles sich nach hinten verschoben hat. An meiner alten Hochschule in Berlin bin ich mittlerweile Lehrbeauftragter und auch nach 3 Jahren sehe ich einige Studenten, die immer noch mit dem Master-Abschluss beschäftigt sind.

Es geht hierbei nicht um das Vergleichen mit anderen Personen. Worauf ich hinaus möchte ist, dass das Verschieben und Absagen von Terminen in der heutigen Zeit extrem ist. Gesunder Druck und Optimismus inklusive gutem Zeitmanagement kann

---

[15] https://amzn.to/2MlkGkX

gegen diese Volkskrankheit “Aufschieberitis” helfen. Denn früher oder später musst du die Zähne zusammenbeißen und durchgehen.

OKR

Wenn du deine Prioritäten klar gesetzt hast und deine Ziele nun aufgeschrieben sind, ist der nächste Schritt das richtige Management-Tool zum Erreichen deines Ziels mit OKR.

OKR wurde ursprünglich von Intel eingesetzt und wird heutzutage auch bei großen IT-Unternehmen wie Google angewendet. Es ist eine der simpelsten und besten Methoden Ziele messbar zu machen. [16]

Im Grunde genommen funktioniert die Methode wie der Name schon verrät mit dem Objective: also das Ziel.

Beispielsweise: besseres Zeitmanagement und die Key Results sind die Unteraufgaben, die dich zum Ziel führen. Anders ausgesprochen erzählt das Objective das “was” und die Key Results “wie” du zum Ziel gelangst.

---

[16] vgl. Measure What Matters [John Doerr]

Nachfolgend findest du ein Beispiel wie OKR in Tabelleneditoren verwendet können:

	ID	Due Date	Task	Responsible
1		03/31/2020	Buch veröffentlichen	Tarkan
2		03/31/2020	~~Domain erstellen (CarpeDiem4urlife.de)~~	~~Tarkan~~
3		03/31/2020	~~Buchcover erstellen~~	~~Tarkan~~
4		03/31/2020	Ebook veröffentlichen	Tarkan
5		03/31/2020	Blog schreiben	Tarkan

5-vor-12-Regel

Eine sehr gute Methode, die dir weiter dabei hilft, wichtige Aufgaben abzuarbeiten, ist die 5-vor-12-Regel. Die 5-vor-12-Regel sagt, dass 5 wichtige Punkte vor 12 Uhr mittags abgearbeitet werden sollen.

Das Ganze hat aus psychologischer Sicht und aus strategischer Sicht den Vorteil, dass du danach viel entspannter in den Nachmittag gehen kannst und dein Belohnungszentrum gut ernährt wurde.[17]

Eat That Frog

Das Buch "Eat That Frog" hat mich sehr inspiriert. Brian Tracy konnte einfach und verständlich erklären, wie wichtig es ist, mit der schwierigsten Aufgabe zu beginnen. Angenommen du hast 5 wichtige Aufgaben zu tun, dann solltest du dich für die Aufgabe entscheiden, die am Ekligsten schmeckt.

---

[17] siehe https://fortunalista.de/20-tricks-fuer-mehr-zeit-produktivitaet

Entscheidungen als Zeitfaktor

Eines der verblüffenden und alltäglichen Beispiele von Zeitmanagement und deren Umsetzungen sind sogenannte “decision points”. Entscheidungen brauchen Mut, Einsatz sowie Zeit und sind nicht zu unterschätzen. Im Wort Entscheidung steckt das Wort “Ent-”, welches für eine gedankliche Trennung steht. Genau dieses Phänomen von der gedanklichen Entscheidungskraft führt bei vielen zur Qual der Wahl oder zu negativen Wirkungen wie Aufschieberitis.

Die Kraft der Entscheidung ist nicht zu unterschätzen. Diejenigen, die es schaffen schnelle und gut überlegte Entscheidungen zu treffen, sind diejenigen, die in der Leistungsgesellschaft am Besten abschneiden. Deswegen sind Metriken wie der “decision point” und die “decision time” von entscheidender Bedeutung. Der “decision point” gibt dabei den Moment der Entscheidung wieder und die “decision time” die Zeit, die es bis zur Entscheidung gebraucht hat.[18]

Beide Indikatoren können im privaten und beruflichen Umfeld verwendet werden, um sich selbst in Sachen Entscheidungskraft zu tracken. Ein kleines Gedankenbeispiel:

Dein Kumpel ruft dich spontan abends an. Du hättest Zeit, bist jedoch von der spontanen Aktion überrascht. Du sagst ihm, dass du noch Zeit zur Entscheidung brauchst. Eigentlich hast du schon innerlich für dich entschieden, dass du keine Lust mehr hast, auszugehen. Die Arbeit war anstrengend und du möchtest lieber entspannen und ausschlafen. Dann siehst du dieses Buch auf dem Weg ins Schlafzimmer und wirst an dein Eid erinnert, die wichtigste Ressource in deinem Leben voll auszukosten. Carpe Diem lässt grüßen und du entscheidest dich doch dafür und rufst bei deinem Freund an.

---

[18] vgl. https://www.velaction.com/continuous-improvement-companion/

Zusammenfassung: der decision point war bei diesem Beispiel der Weg ins Schlafzimmer und die decision time beanspruchte ca. 10 Minuten. Somit hättest du zwei Werte, die du in Zukunft mit ähnlichen Alltagssituationen vergleichen könntest. Deine Tabelle könnte wie folgt aussehen:

Thema	Decision Point	Decision Time [min]	Datum
Spontan ausgehen	Flur	10	22.05.2019
	Treppenhaus	8	11.01.2020
	nach der Arbeit	5	08.04.2020

Von der Relativitätstheorie zur Praxis

Die Zeit ist relativ

Wer kennt nicht von euch die Relativitätstheorie von Albert Einstein. Eines der Maxime ist, dass die Zeit relativ zum Geschehen ist. Ein bekanntes Beispiel ist der fahrende Zug, wo es von außen anders wirkt, als wenn jemand im Zug ist.[19]

Auch das Anfassen einer heißen Herdplatte fühlt sich wie die Ewigkeit an, obwohl das in der Realität nur Sekunden waren. Auf der anderen Seite vergeht so manche Reise wie im Flug. Das Auge täuscht, würden jetzt viele sagen. Nun ja, wir wissen nun, dass die Zeit relativ ist zur Relation, jedoch können wir diese nicht zurücksetzen.

Aber was Reiche für sich herausgefunden haben, ist ein anderes wichtiges Naturgesetz: Die Zeit anderer nutzen! Doch was genau steckt dahinter

---

[19] vgl. Mit Einstein im Fahrstuhl [Jürgen Teichmann]

und wieso fühlt man sich so mies beim Aussprechen dieses Satzes. Wenn du diesen Satz negativ siehst, dann wirst du ihn sicher auch so auffassen, doch dahinter steckt keine böse Absicht, sondern ein effektives Zeitmanagement. Ich gebe dir ein Beispiel:

Als ich im Praktikum während meines Bachelorstudiums die Erfahrung meines Lebens machen konnte, sind mir besonders zwei Fähigkeiten bei meinem Chef aufgefallen: Effektivität und Professionalität.

Das Praktikum hat echt eine Menge in meinem Mindset auf den Kopf gestellt. Ab und zu mussten Briefe abgeschickt werden und mein Chef wollte nicht, dass ich die 2 Straßen zum Kunden laufe und in den Briefkasten einschmeiße, sondern bestellte daraufhin einen für mich noch unbekannten Messenger-Dienst.

Der Messenger-Dienst ist wie ein Postbote zu verstehen, der die Post von A nach B bringt. Ich dachte mir, lohnt es sich wirklich dafür mehrere € auszugeben? Doch er verstand die Kunst die Zeit anderer in Anspruch zu nehmen und sich somit auf das Wesentliche zu fokussieren. Der Messenger-Dienst brachte professionell die Briefe zum Kunden und investierte insgesamt 1 Stunde seiner Arbeitszeit und mein Chef wartete bequem im Büro. Er hat die Stunde, wenn du so willst von ihm genommen und sich gutgeschrieben. Dieses Gesetz ist ein Naturgesetz und es wird dir in jedem Bereich, wo du es anwenden kannst, helfen, dich auf das Wesentliche zu konzentrieren.

Ein weiteres Beispiel: Stell dir vor, dass dein Ladegerät kaputt ist und du Ersatz brauchst. Du kannst jetzt zum nächsten Elektronikladen gehen oder du bestellst im Internet. Wofür entscheidest du dich? Falls du dich für den Kauf im Laden entscheidest, wirst du aller Voraussicht nach mehr bezahlen: an Geld und vor allem an Zeit. Sagen wir 10€ und 2 Stunden deiner Zeit. Nehmen wir weiter an, du wirst pro Stunde bezahlt und verdienst 20€ / Stunde.

Im Onlinehandel würdest du 8€ ausgeben und verlierst nur 1 Minute für die Bestellung. Verglichen mit dem direkten Kauf im Laden sparst du die 2

Stunden und arbeitest und verdienst somit 40€ während der Zeit. Somit kostet dich das Aufladegerät nichts, da du immer noch 40€ -8€ verdient hast. Insgesamt hast du 32€ Gewinn gemacht. Im direkten Kauf zahlst du 10€ für das Gerät und 40€ für die Zeit, die du verlierst. Somit hat dich das Aufladegerät 50€ gekostet. Zusammenfasst, statt 32€ Gewinn, hast du 50€ Minus gemacht.

Keine Zeit, gibts nicht!

Eines der Sachen, die ich nicht mehr hören kann: ich habe keine Zeit dafür! Quatsch mit Soße! Für mich sind das mittlerweile nur Ausreden und wer denkt, der hat wenig Zeit, der hat in Wirklichkeit eine falsche Prioritätensetzung.

Ich empfehle dir wirklich mal einen Monat deinen Alltag in zeitlicher Hinsicht, wie viel Zeit du womit verbringst zu dokumentieren. Ein Bekannter beispielsweise hat 10-12 Stunden am Tag als Taxifahrer in Berlin gearbeitet und abends war er oft Fußballschauen. Wo ist der Fehler? Jeden Tag hat er 2 Stunden zusätzlich mit Fußball verschwendet. Da hätten wir schon 2 Stunden, die er für andere Sachen verwenden könnte. Damit wir deine Zeiteinteilung verbessern können, habe ich ein paar Fragen für dich in der untenstehenden Tabelle vorbereitet.

Anmerkung: vereinfacht in der Woche dargestellt, da die Woche dir einen genaueren über deine verschwendete Zeit darstellt. Eine Woche hat dabei

168 Stunden und zuerst veröffentliche ich meinen Zeitplan:

Zeitplan Management 2018:

Wie viele Stunden schläfst du?	56
Wie viele Stunden arbeitest du in der Woche?	45
Wie viele Stunden arbeitest du im Nebenjob oder Ehrenamt?	3
Wie viele Stunden im Hobby: Fitness, Fußball, Klavierunterricht etc.	15
Wie viele Stunden am Handy?	14
Wie viele Stunden in den sozialen Medien?	0
Wie viele Stunden Unterhaltung wie Fernsehen, Kino, Theater	20
Wie viele Stunden	5

verbringst du mit Einkaufen in der Woche?	
Wie viele Stunden verbringst du mit dem Auto oder den öffentlichen Verkehrsmitteln?	5
Gesamt	163

Wie du siehst, habe ich 2018 meine Zeit komplett ausgeschöpft. Dies hat Konsequenzen, denn wer erinnert sich nicht an Kinder, die am Kreativsten sind, wenn sie Langeweile haben. Das war bei mir nicht mehr vorhanden und auch kaum Zeit die Dinge zu reflektieren. Hinzu kommt ja eventuell Familienzeit, die auch elementar ist. Also änderte ich meine Prioritäten und somit die Variablen in der Gleichung.

Für 2020 sieht mein Zeitmanagement wie folgt aus:

Zeitplan Management 2020:

Wie viele Stunden schläfst du?	52
Wie viele Stunden arbeitest du in der Woche?	37
Wie viele Stunden arbeitest du im Nebenjob oder Ehrenamt?	3
Wie viele Stunden im Hobby: Fitness, Fußball, Klavierunterricht etc.	5
Wie viele Stunden am Handy?	7
Wie viele Stunden in den sozialen Medien?	0
Wie viele Stunden Unterhaltung wie Fernsehen, Kino, Theater	4

Wie viele Stunden verbringst du mit Einkaufen in der Woche?	2
Wie viele Stunden verbringst du mit dem Auto oder den öffentlichen Verkehrsmitteln?	5
Gesamt	120

Wie du siehst, konnte ich 48 Stunden und somit 2 Tage gut machen und die unten aufgeführte Formel erklärt dir in % wie effektiv dein Zeitmanagement war:

Fortschritt (F_T):

Zeitmanagement T_{2018}: 163/168 = 0,97 >>> 97% meines Zeitkontigents in der Woche war ausgeschöpft.

Zeitmanagement T_{2020}: 120/168 = 0,71 >>> 71% meines Zeitkontigents in der Woche war ausgeschöpft.

$F_T = T_{2018} - T_{2020} = 0,97 - 0,71 = 0,26 = 26\%$ Zeitgewinn.

Mein Ziel ist es, auf 50% zu kommen und dabei die Produktivität zu behalten und Platz für weitere Dinge im Leben zu schaffen.

Jetzt kommen wir aber zu dir: wie sieht es bei dir im diesem Jahr aus? Unten sind zwei Tabellen. Die erste kannst du als Referenz nehmen. Beispiel: dieses oder letztes Jahr, je nachdem ob du dein Zeitmanagement vom letzten Jahr noch weißt. Die zweite Tabelle ist dein Vergleich und dein Fortschritt im darauffolgenden Jahr. Im Anschluss kannst du mit den drei Formeln deine Effizienz und deinen Fortschritt ausrechnen.

Zeitplan Management 20_ _

Wie viele Stunden schläfst du?	
Wie viele Stunden arbeitest du in der Woche?	
Wie viele Stunden arbeitest du im Nebenjob oder Ehrenamt?	
Wie viele Stunden im Hobby: Fitness, Fußball, Klavierunterricht etc.	
Wie viele Stunden am Handy?	
Wie viele Stunden in den sozialen Medien?	
Wie viele Stunden Unterhaltung wie Fernsehen, Kino, Theater	
Wie viele Stunden verbringst du mit Einkaufen in der Woche?	
Wie viele Stunden verbringst du mit dem	

Auto oder den öffentlichen Verkehrsmitteln?	
Gesamt	

Zeitplan Management 20 _ _

Wie viele Stunden schläfst du?	
Wie viele Stunden arbeitest du in der Woche?	
Wie viele Stunden arbeitest du im Nebenjob oder Ehrenamt?	
Wie viele Stunden im Hobby: Fitness, Fußball, Klavierunterricht etc.	
Wie viele Stunden am Handy?	
Wie viele Stunden in den sozialen Medien?	
Wie viele Stunden Unterhaltung wie Fernsehen, Kino, Theater	
Wie viele Stunden verbringst du mit Einkaufen in der Woche?	

Wie viele Stunden verbringst du mit dem Auto oder den öffentlichen Verkehrsmitteln?	
Gesamt	

Zeitmanagement $T_{20\_\ \_}$: __/__ = 0,__ >>> __ % deines Zeitkontigents in der Woche war ausgeschöpft

Zeitmanagement $T_{20\_\ \_}$: _ _ /_ _ = 0,_ _ >>> _ _ % deines Zeitkontigents in der Woche war ausgeschöpft

F_T = $T_{20\_\ \_}$ - $T_{20\_\ \_}$ = 0,__ - 0,__ = 0,-- = __ % Zeitgewinn.

Zeit-Flow-Erlebnis

Wer kennt nicht das Wort: Flow. Wenn etwas bei jemanden richtig gut läuft, dann wird oft dieses Wort als Synonym für mehrere aufeinanderfolgende Erfolgserlebnis verwendet. Umgangssprachlich gibt es auch Leute, die sagen würden "Läuft bei ihm". Hattest du auch schon mal diesen Flow-Moment und wenn ja wann und in welcher Konstellation ist dieser bei dir aufgetreten? Ich erinnere mich noch sehr gut an diese Flow-Momente.

Meist war es so, dass ich tage- und wochenlang mich mit einem Thema beschäftigte und irgendwie nicht weiterkam. Als ich dann diesen Gedankenknoten lösen konnte, lief es wie geschmiert. Bei Fußballern ist es sehr interessant zu beobachten, wie diese Peaks Spieler zu temporären Weltfußballern machen. Aktuell hat zum Beispiel beim FC Bayern der Stürmer Serge Gnabry einen Flow und trifft gefühlt aus jedem Winkel, egal ob für die Nationalmannschaft oder für den Verein.

Doch wie entsteht so eine Phase des Flows?

Der Psychologe *Mihaly Csikszentmihalyi* analysierte schon 1975 das Verhalten des "Flow-Erlebens", indem er Sportler, Künstler und Wissenschaftler interviewte. Der amerikanisch-ungarische Forscher gab dem Zustand des Höhenflugs den uns bekannten Namen Flow. Zusammengefasst geschehen folgende Ereignisse beim Flow-Moment:

1. *"Menschen, die bei der Arbeit oder in ihrer Freizeit Flow-Zustände erleben, vergessen die Zeit, sich selbst und alles um sich herum.*
2. *Forschungen zufolge geht dies mit moderat erhöhten Cortisolwerten im Blut einher. Anders als Stress fühlen sich Flow-Momente jedoch gut an und fördern das Wohlbefinden.*
3. *Flow steigert zudem die Leistungsfähigkeit. Um davon zu profitieren, sollte man unter anderem auf leichte körperliche Aktivierung , die passende Gestaltung der Aufgabe und regelmäßige Pausen achten."* [20]

---

20 https://www.spektrum.de/news/wie-flow-die-leistungsfaehigkeit-foerdert/1440968

Studien belegen, dass das Flow-Erlebnis durch regelmäßige Aktivierung großen Einfluss auf deine Lebenszufriedenheit haben. Ich erinnere mich noch gut daran, als ich Flow-Momente hatte. Im Masterstudium beispielsweise hatte ich im ersten Semester einen Notendurchschnitt von unter 1,5.

Ich hatte die richtigen Kurse belegt und hatte mir mehr Zeit für jeden Kurs genommen. Insgesamt habe ich nur drei statt 5 Kurse besucht, aber genau diese passende Gestaltung der Aufgaben war wie eine Vorlage für mein Traumtor. Ich hatte es sofort gemerkt, dass die Kommilitonen Interesse daran hatten, mit mir zu lernen und das obwohl ich im Bachelor eher durchschnittlich unterwegs war. Das zeigt dir eins: du kannst nicht mit dem Ball jonglieren und gleichzeitig Netflix schauen und für die Uni lernen.

Des Weiteren hat natürlich der Professor oder Lehrer oder meinetwegen Meister einen starken Einfluss auf deine Zufriedenheit in diesem Umfeld. Wie sieht es bei dir aus? Hattest du mal einen Flow? Wenn ja, dann erinnere dich gut daran, welche Arbeitsumgebung du geschaffen hast, um diesen Höhenflug gehabt zu haben. Wenn du das nicht mehr weißt, kannst du auch deine Familie oder Freunde fragen, ob die sich daran erinnern. Die werden definitiv eine andere Sicht auf dich haben und eventuell auch den ein oder anderen Flow bei dir erlebt haben.

Falls du noch keinen Flow hattest oder nicht dieses Gefühl bis jetzt kanntest, dann bitte nicht in Panik ausbrechen. Beim nächsten Mal wirst du durch dieses Buch daran erinnert. Meist ist das so, dass nach einem Flow direkt das Nächste folgt und es sich von einem Lebensbereich in alle anderen Bereiche überträgt. Man könnte fast meinen: es ist ansteckend. Leute mit Flows strahlen eine sehr positive Energie aus und manchmal ist dahinter auch Glück. Aber Glück lässt sich bekannterweise nicht erzwingen. Es kommt einfach statistisch gesehen irgendwann auf dich zu. Das ist etwas, was dir bewusst sein sollte.

Eine Untersuchung im Jahre 2008 durch die Schüler Julia Schüler und Sybille Brunner, zeigte dass Marathon-Sportler, die einen Flow-Moment im

Training erlebten, die 42 Kilometer im Marathon umso besser liefen.[21] Ähnlich wie beim Fußball die Arbeit im Training geleistet wird und die Ernte im Spiel gepflückt wird.

Exponentiell lernen

Zu meiner Zeit bei IBM hat die damalige CEO *Ginni Rometty* einen Spruch gesagt, den ich sehr interessant fand. Sie sagte im bildlichen Sinne, die nächsten Jahrzehnte werden nicht mehr lineare Lernkurven, sondern Exponentielle sein.[22] Ich dachte kurz nach und fand die Vorstellung ideal. Wie oft wollte ich schon viel schneller Dinge lernen, als es möglich war. Sie bezog sich dabei auf eine neue Ära des technologischen Fortschritts.

Mit neuen Komponenten wie *AI* (engl.: artificial intelligence, deutsch: künstliche Intelligenz), Machine Learning und Quantencomputern wird der Mensch in einer Art und Weise lernen wie nie zuvor.

---

21 https://www.spektrum.de/news/wie-flow-die-leistungsfaehigkeit-foerdert/1440968

22 vgl. https://www.ibm.com/blogs/think/2018/06/cebit-2018/

Stell dir ein X-Y-Diagramm vor in der X die Zeit ist und Y dein Lern-Level. Nach einem Jahr ist die Lernkurve noch gleich und bleibt bei einer Gerade. Nach zwei Jahren verdoppelt sich deine Lernkurve und nach 10 Jahren hast du anstelle der Level=10 ein Lern-Level von 100 erreicht.

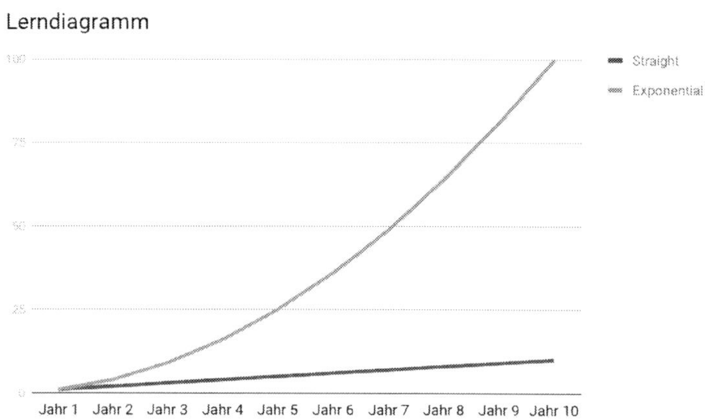

Ich teile die Meinung vom ehemaligen IBM-CEO nur unter der Voraussetzung, dass wir uns vom kommenden Zeitalter mitnehmen lassen und nicht all unser Denken und Handeln Robotern überlassen. Dort wo es sinnvoll ist, sollte der Mensch seine begrenzte Kapazität an Kraft und Ausdauer an den Roboter abgeben. Delegation ist das Sprichwort und unser nächstes Unterkapitel. Ohne Delegation wirst du sonst mit unnötigen Ablenkungen konfrontiert, die dich nur aufhalten.

Filter gegen die Informationsflut

Wer kennt das nicht: einmal den Nachrichtensender eingeschaltet und die Flut an meist negativen Informationen fließt. Dass das nicht gesund für unseren Geist ist, muss auch nicht wissenschaftlich belegt werden. All diese Informationen müssen wie bei einem Computer verarbeitet werden. Neben dem, das dein Gehirn unnötig mit Redundanz überschüttet wird, wird es auch noch beeinflusst. Deswegen ist es von immenser Bedeutung diese unnötigen Informationen zu stoppen: entweder durch strikte Vermeidung gewisser Kanäle oder durch Filtermöglichkeiten.

Mittlerweile gibt es Apps, die dich entscheiden lassen, welche Informationen du erreichen möchtest. Ich kann das total nachvollziehen, dass du nicht auf alle Nachrichten verzichten möchtest.

PDCA-Lifecycle

Aus dem Management ist eine Abkürzung von besonderer Bedeutung: PDCA. Dabei steht PDCA für plan, do, check, act. PDCA wird sehr häufig in sogenannten Managementsystemen verwendet und kann auf alle weiteren Lebensbereiche adaptiert werden. Beim Thema Zeitmanagement kann somit eine immer wiederkehrende Aufgabe am Anfang des Jahres geplant (plan), umgesetzt (do), dann kontrolliert (check) und im Anschluss verbessert werden (act).

Beispiel:

Phase 1: plan

Eine Person hat sich für eine neue Stelle entschieden.

Phase 2: do

Er braucht für seine neue Stelle insgesamt zwei Stunden Fahrtweg.

Phase 3: check

Er stellt fest, dass das Pendeln zwischen beispielsweise Potsdam und Berlin anstrengend ist und möchte langfristig etwas an der Situation ändern.

Phase 4: act

Er sucht das Gespräch mit seinem Vorgesetzten und erläutert die Situation. Am Ende kommen die beiden zu einer guten Lösung: Er muss nur noch dreimal die Woche ins Büro und an den Tagen vor Ort, darf er sich eine Unterkunft suchen. Es entsteht eine Win-Win-Situation und der Mitarbeiter hat es geschafft, durch den PDCA-Lebenszyklus sein Zeitmanagement zu verbessern.

Return on Time Investment

Der sogenannte Return on Investment (RoI) ist ein sehr beliebter Indikator zur Berechnung von Investitionen. Ursprünglich wird der RoI in der Arbeitswelt verwendet, um den Rückwert einer getätigten Investitionen in Verhältnis zu stellen.[23]

Beispielsweise wäre ein Investment ein neues Produkt, welches den manuellen Aufwand reduziert. Dadurch wird eine Menge an Zeit gespart und gleichzeitig werden die manuellen Tätigkeiten in andere Bereiche, die wiederum gewinnbringender sind, verschoben. Aber auch im privaten Bereich kann dieser Wert dir weiterhelfen: wenn du auf eine Schulung gehst, die dir im Endeffekt mehr Geld einbringt, dann war das ein Return on Investment.

Dieser Indikator kann aber auch super für dein Zeitmanagement verwendet werden und drückt sich wie folgt aus:

---

23 https://www.investopedia.com/articles/basics/10/guide-to-calculating-roi.asp

Return on Time Investment = time savings - time cost

RoTI = Ts - Tc

Beispiel: du hast neben deiner Vollzeitstelle ausnahmsweise einen neuen Auftrag, womit du dir als Selbstständiger deine Brötchen verdienst. Nun hast du die Möglichkeit diese Nebentätigkeit einem Sub-Auftragnehmer weiterzugeben.

Natürlich kostet dich dieser Auftrag Geld, jedoch so, dass du die notwendigen 30% trotzdem behalten kannst, weil du als Vermittler tätig bist. Somit hast du statt 2*35 Stunden in der Woche nur 1*35 Stunden an Zeit investiert. Die Rechnung sieht wie folgt aus:

RoTI = 70 Stunden - 35 Stunden = **35 Stunden**

Finde dein Tempo

$$v = s/t$$

In dieser Gleichung ist etwas fundamentales verborgen: Deine Geschwindigkeit ist abhängig von der Strecke, die du zurücklegen möchtest und deiner Zeit, die du hast. Also ist dein Tempo das Verhältnis von deinem Zielort zu deiner Lebenszeit. An diesen beiden Parametern kannst du Einfluss nehmen und so dein eigenes Tempo bestimmen.

Wir Menschen wissen vielleicht nicht wie lange wir leben und umso wichtiger ist es generell seine Ziele zu kennen und sich eine ungefähre Vorstellung zu geben wie lange es zu diesem Ziel dauert: Das ist dein Tempo! Wichtig dabei ist, dass dein Tempo auch abhängig vom Thema ist. Wenn du beispielsweise ein Ziel in einer ähnlichen Kategorie hast wie beispielsweise eine neue Sprache zu erlernen, dann kannst du ungefähr von deinen bisherigen Erfahrungen dieses Tempo abschätzen.

Lasst uns die oben genannte Formel nach t umstellen:

Wenn wir die Formel umstellen:

$$t = s/v$$

Das heißt wiederum, dass die Zeit abhängig von der Strecke und der Geschwindigkeit ist. Wir können entweder die Zeit kürzen, indem wir die Strecke verkürzen oder die Geschwindigkeit erhöhen. Egal welche Tätigkeiten du gerade machst, diese Regel kannst du auf alle weiteren Bereiche anwenden.

Bevor du somit eine nächste Aktivität startest, schaue nach deinen Möglichkeiten.

Retrospektive

Das letzte Unterkapitel dieses Buches befasst sich mit einem sehr wichtigen Thema: Retrospektive.

Die Retrospektive ist ein Mechanismus, welches uns hilft in die Vergangenheit zu schauen, um zu verstehen was gut war oder noch verbesserungsfähig ist. Im Projektmanagement ist Retrospektive ein essenzieller Bestandteil des Projektes. Im wahren Leben solltest du dir mindestens eine Stunde pro Woche Zeit nehmen und die Woche reflektieren. Das wird dir auch dann beim Freischaufeln von Zeit und Raum helfen!

Zusammenfassung

Dieses Buch sollte dir dabei helfen deinen Alltag besser in den Griff zu bekommen und die unnötigen Aufgaben wegzulassen. Heutzutage werden wir permanent mit der Ablenkung konfrontiert, sodass wir uns gar nicht auf das konzentrieren können, worum es im Leben wirklich geht: Carpe Diem! Pflücke deinen Tag!

Die Reise nach Carpe Diem, die dich erwartet, ist kein Selbstläufer, aber auch kein Hindernis. Perfektioniere dein Zeit- und Selbstmanagement und du wirst von Tag zu Tag effizienter.

Danksagung

Als letzten Punkt möchte ich mich bei dir als Leserin und Leser bedanken. Ich fühle mich geehrt, wenn ich mit diesem Buch dir in deinem ganz persönlichen Carpe Diem weiterhelfen konnte. Auch als Autor bin ich im Lernprozess genau wie wir alle im Leben. Von daher bin ich auch für jedes Feedback dankbar.

Printed in Germany
by Amazon Distribution
GmbH, Leipzig

30512913R00058